JN409972

산골 풍경 13

이명우 열네 번째 시집

산골풍경 13

초판인쇄 2021년 1월 2일
초판발행 2021년 1월 7일

지은이_ 이명우
발행인_ 이현자
발행처_ 도서출판 현자

등　록_ 제 2-1884호 (1994.12.26)
주　소_ (우)04550 서울시 중구 수표로 50-1(을지로3가, 4층)
전　화_ (02) 2278-4239
팩　스_ (02) 2278-4286
E-mail_001hyunja@hanmail.net

값 11,000원

2021 © 이명우 Printed in KOREA

무단으로 내용의 일부를 인용하거나 복사, 발췌를 금합니다.

ISBN 978-89-94820-62-0　03810

이 도서의 국립중앙도서관 출판예정도서목록(CIP)은 서지정보유통지원시스템 홈페이지(http://seoji.nl.go.kr)와 국가자료종합목록 구축시스템(http://kolis-net.nl.go.kr)에서 이용하실 수 있습니다. (CIP제어번호 : CIP2020054098)

산골 풍경 13

이명우 열네 번째 시집

도서출판 현자

자서自序

과학은 나노 기술로
머리칼 하나를 천 개 만 개로 쪼개는데
문학은 왜
언어 한 개로 천 개 만 개로 못 쪼개는가
여기에서 나는 속상했었다
-산골풍경-
이 언어 하나를 1천 개로나마 쪼개 보자고
시작한 지 올해로 30년이 된다
잘 쓰고 못 쓰고는 생각하지 않고
언어 쪼개기 공부의 숙제로 늘 무거움을 느끼며
1천 마무리 여기까지 왔다

차례

제1부_

제2부_

제3부_

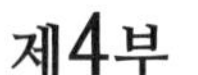

제4부_

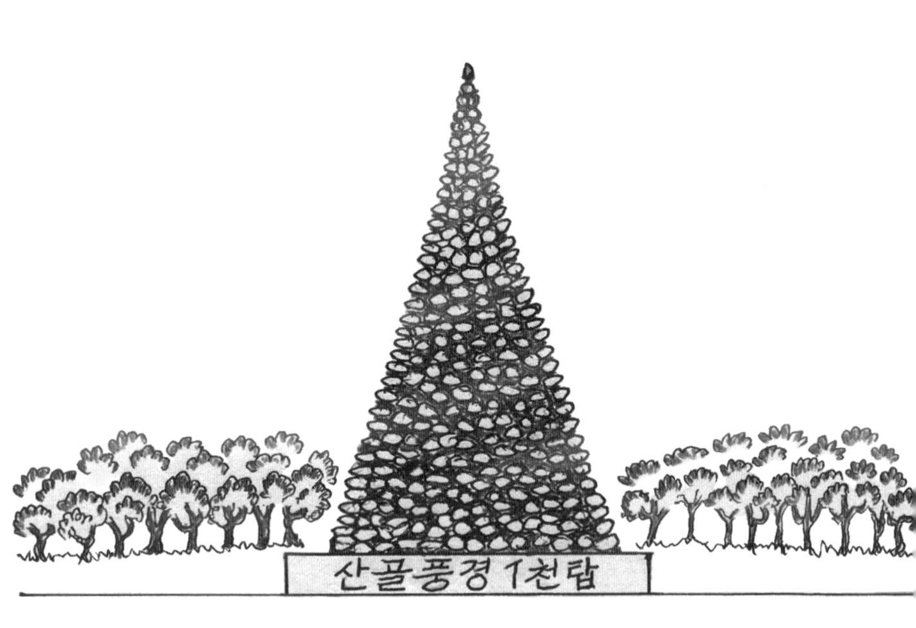

천 편의 〈산골풍경〉 연시를 상징한 돌탑

제1부

시작詩作 메모

'산골풍경'
이 언어를 백지 위에
반듯하게 눕혀 놓고
연필의 날로 쪼개 본다
쪼개지는 것이 아니라
동강동강 토막이 난다

산골풍경 921

아버님의 말씀이 곰삭아
눈물이 되어 나올 때는
눈가가 아팠습니다
그 눈물이 흘러
마당에 가득 고일 때에는
가슴이 아팠습니다
그 눈물이 다시
강물이 되어 흐를 때에는
뼛속이 아팠습니다
강으로 흘러
바다가 된 오늘
하늘도 아파 바르르 떨다가
조각조각 깨어져 내립니다

산골풍경 922

아버님이 쓰신
붓글씨는
이 산속에 날아와
산새가 되어 날아다니고
어머님이 들려주신
자장가는
이 산속에 날아와
야생화로 피어 있습니다

산골풍경 923

아버지의 산속에서
자식의 토끼들이
어머니의 살점을 뜯어먹으며
걱정 근심 없이
천방지축으로 뛰어놀던
고향 집터엔
잡초들이
걱정 근심 없이
천방지축으로 뛰어놀고 있습니다

청미래 덩굴

산골풍경 924

거미들이 살고 있는
헛간에 걸려 있는 아버님 지게
우리 가족 생명을 져 나르던 그때
나무 한 짐 지고
오십 리 산양 장에 가
바꾸어 온 보리쌀 한 되
당신은 간장 푼 물 한 바가지로
저녁을 드실 때
나는
아버님 가슴에 대못을 쳤습니다
건너집에는 쌀밥을 먹는데
아부진 왜 이리 무능해요
그 밤
잠자던 내 얼굴에
아버님의 뜨거운 눈물이
뚝 뚝 떨어졌습니다
오늘은

아버님의 산소 위에
죄인의 뜨거운 눈물이
뚝 뚝 떨어지고 있습니다

산골풍경 925

집에 있으라는데도
억지를 부리며
창출을 팔러 가시는
아버지를 따라
벌재 장에 갔습니다
창출을 팔아
내 검정 고무신을 사고
국수 한 그릇
당신은 배탈이 났다면서
나만 먹게 했습니다
오는 길에
너덜거리는 당신의 짚신
칡넝쿨로 꿰매 신더군요
생선 가게에서 버린
고등어 대가리를 주어와
맹물에 삶아
꿀맛처럼 드시던 아버지
당신의 식성은 그런 줄로만 알았습니다

지금도 생선 가게 앞에
버려진 고등어 대가리를 보면
그곳에는 아버지가 계십니다

산골풍경 926

자신이라는 나무를
쳐다봅니다
추억 이파리
인연 이파리
사랑 이파리들이
나풀거립니다
산이라는 나무를
쳐다봅니다
안개 이파리
구름 이파리
바람 이파리들이
나풀거립니다
하늘이라는 나무를
쳐다봅니다
별 이파리
달 이파리
태양 이파들이
나풀거립니다

만병초꽃

산골풍경 927

지게에 소쿠리를 얹고
소쿠리에 나를 태워
일하러 가셨던 아버지
나 한번 보고
풀 한 포기 뽑고
또 한번 보고
또 한 포기 뽑고
저만치 가서는
밭둑에 핀 딸기를 따주셨던
아버지
오늘은
제가 그 지게를 지고
아버지를 태워
그 밭을 지나
뒷산을 지나
허공을 지나
보름달에 가서
보름달 밭둑에 핀 딸기를 따
아버님께 드리고 싶습니다

산골풍경 928

잠결도 아닌데
꿈결도 아닌데
스러렁 스러렁
내 목숨을 끊고 있는
저 귀신의 톱질소리
섬뜩해라
아찔해라
몸을 돌려 초인적인 힘으로
귀신의 팔을 꺾어 제압한다
잡고 보니 가여워라
그도 살기 위한 몸부림인데
어쩔거나 생각다가
톱만 빼앗고
돌려보낸 저 귀신
연신 꾸벅꾸벅
절을 하며 달아난다

산골풍경 929

저
천년 소나무는
밤이면 별들이 내려와
꿈을 꾸는 꿈나무입니다
꿈을 흘리고
별들이 날아간 아침
해가 뜨면
별들의 꿈이 우수수 쏟아집니다
그 꿈으로 밥을 짓습니다
별꿈밥
이것이 나의 주식입니다

덩굴 딸기 꽃

산골풍경 930

산 할아버지
산 할아버지
우째서 우리나라 국회의원
300명 다 팔아도
스웨덴 국회의원 한 명을 몬 산다능교
허허 이 사람아
우리나라 국회의원은
국민 머리 꼭대기로 올라가
호령하며 살지만
스웨덴 국회의원은
국민 발바닥 밑으로 내려가
국민을 섬기며 산다잖는가
우리나라 국회의원
차도 보고 비서들도 보고 월급봉투도 보게나
저들 맘대로 하잖는가
스웨덴 국회의원은
자전거로 출퇴근, 비서팀도 없고 사무실도 없고
월급도 날품팔이와 똑같이

일당제로 받는다잖는가
퇴직하면 연금도 없다잖는가
그런데
하느님도 부러워할
하루만 출근해도
평생 연금을 받는 희한한 사람들
이 나라엔
저런 스웨덴 국회의원 같은 사람
백 년이면 하나 나올까
천년이면 하나 나올까

산골풍경 931

그리움을 타고
소풍 갑니다
스치운 사연들이
제 모습으로 피어 있는
꽃천지입니다

꿈을 타고
소풍을 갑니다
심어 놓은 꿈들이
성공으로 피어 있는
성공 천지입니다

세월을 타고
소풍을 갑니다
다음 세상이
펼쳐져 있는
저승 천지입니다

산골풍경 932

나는
거짓말쟁이
욕심을 버려야
시인이 된다 해놓고
욕심을 못 버리고 있네요
금덩어리를 준다면
얼른 받을 것 같고
벼슬을 준다면
얼른 받을 것 같고
미녀를 준다면
얼른 받을 것 같아요
그것도 무한정으로요
이런 욕심쟁이가 시인이라니
스스로
시인이란 명찰을 가만 내린다

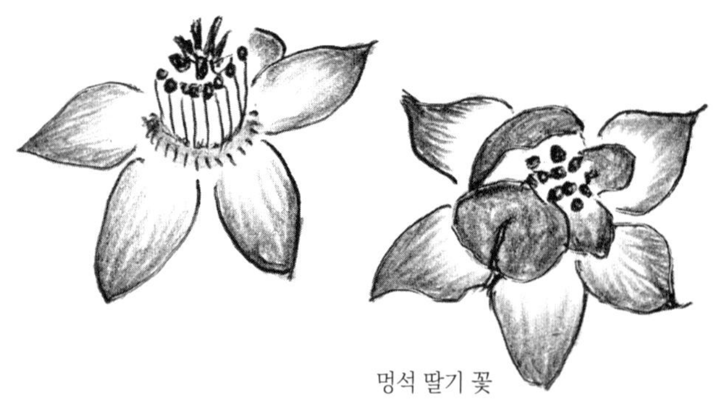

멍석 딸기 꽃

산골풍경 933

버려지지 않는 이쁨처럼
미움도 버려지지가 않네요
미움을 그냥 두고 볼 수 없어
밥을 지을까
국을 끓일까 하다가
맷돌에 갈아
이쁨을 넣어 버무려서
지짐을 부칩니다
그 냄새 사방에 풍겼는가
새들도 날아와
한 점만 달라 하고
구름도 날아와
한 점만 달라 하고
바람도 날아와
한 점만 달라 하네

산골풍경 934

아득히
더 아득히
먼 곳
더 먼 곳에서
하느님 중에서도
셋째 하느님의 외동딸이
만나자는 기별이 왔네요
뛰어가자니 늦고
차로 가자니 늦고
비행기로 가자니 그래도 늦어
번개를 타고 갑니다
가을이 몇 개나 지나갔습니다
그래도 아직
둘째 하늘을 지나가는 중입니다
이제 가을 몇 개만 더 지나가면
셋째 하늘 사위가 되겠지
하는 마음으로
가슴이 떨리고 있습니다

산골풍경 935

마음의 산 능선에
추억의 나무를 키웠더니
그리움의 열매들이
튼실하게 익었습니다
바구니 가득
그리움을 따 와
어떻게 먹을까
생으로 먹어 봅니다
구워도 먹어 봅니다
삶아도 먹어 봅니다
아무렇게 먹어도
꿀맛입니다

황매산 진달래꽃

산골풍경 936

이 산골 원두막에
올라와 보면
달나라 초등학교가
보입니다
다시 가만 귀를 귀울이면
그 학교 풍금 소리가 들립니다
풍금 소리를 듣습니다
아 깜짝
우리 노래 아리랑이 흘러나와요
또 깜짝
지구 대표곡으로 수입한 아리랑 노래
달나라에서도
대표곡으로 불린대요

산골풍경 937

오늘이란 선물을 받아들고
꿈을 꾸며 가는 소풍길
울며 가는 이도 있고
웃으며 가는 이도 있습니다
금덩이로 수를 놓은 옷을 입고도
울며 가는 이를 봅니다
이발비도 없어
털북숭이로 가면서도
웃고 가는 이를 봅니다
지혜를 타고 가는 이는
웃고 가는 소풍이지만
욕심을 타고 가는 이는
울며 가는 소풍이라고
산새가 그러네요

산골풍경 938

오늘따라
내 마음의 호수에
시의 고기들이
길길이 뛴다
낚싯줄을 드리우고
긴 밤을 지새워도
걸려드는 시 한 편
없는 밤

산골풍경 939

정원에 핀 하얀 모란아
너는 전생에서
무엇으로 어떻게 살았길래
현생에서 이렇게
우아하게 피었니
요 모양인 나는
후생에 가면
무엇으로 어떻게
필랑가
말랑가

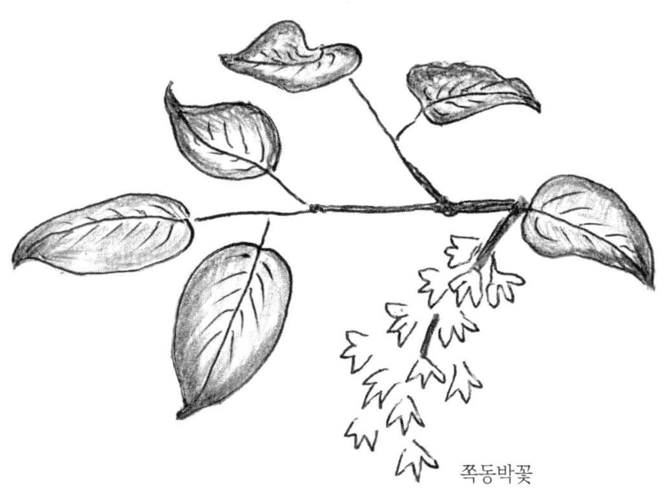

쪽동박꽃

산골풍경 940

이 산골에 펼쳐진
구름들의 축제입니다
검은 구름
흰 구름
꽃구름
뭉게구름들
뭉치고 흩어지고
이어지고 끊어지고
내 마음도 나를 버리고 날아가
덩실거린다
이 산골에서만
볼 수 있는 풍경이여

제2부

시작詩作 메모

'산골풍경'
이 언어를 삶아서
쪼개 본다
그것도 아니었다
오히려 더더욱
허물허물해진다
다시 생각에 잠긴다

산골풍경 941

이 산골은 예술회관인가
어제는
구름들이 모여와 축제를 열드만
오늘은 바람들이 모여 와
축제를 열고 있네요
강바람
바닷바람
별 바람
달 바람들이 모여 와
해골 피리를 불며
무지개 풍금을 타며
비비고
돌리고
꺾이고
흔드는
여기서만 볼 수 있는
바람 축제입니다

산골풍경 942

아득한 나라에서
흘러오는
먼 먼 그리움
물레에 감아
실을 뽑는다
올올이 사려 담은
한 광주리
가슴 안고
어쩔거나
꿈만 꾸고 있습니다

산골풍경 943

지구를 만드는 날
내가 있었다면
중국에 새겨 놓은
황산을
우리 나라에 새기자고
빼앗아올걸
우리나라에서도
동해 바다 가운데
새겨 놓자고 우길 것을
그날에 태어나지 못해
아쉬워만 하고 있습니다

산골풍경 944

저 하늘엔
누가 있길래
저 구름을 저렇게 만들어
이리로 보내오고 있을까
저 세상엔
누가 있길래
사람 잡는 저승사자를
이리로 보내오고 있을까

산골풍경 945

꽃이 피네요
봄이 왔나 봐요
가슴이 떨리네요
청춘이 왔나 봐요
다리가 떨리네요
노년이 왔나 봐요

꽃 피는 봄만
가슴 떨리는 청춘만
있게 해 달라고
하느님께
일곱 번이나
등기 편지를 부쳤는데도
감감 무소식이네요

금산 석문

산골풍경 946

두들겨 팰수록
좋아서 춤을 추는
팽이를 봅니다
나는 시련이 좋아요
시련이 클수록
신명 나지요
시련을 먹고 사는 팽이
시련이 멈추면
죽어버리는 운명
사는 법도 가지가지네요

산골풍경 947

저 바위도
가슴 타는 아픔이 있는가
바위 가슴에서
연기가 피어올라요

산골풍경 948

뽀속 뽀속
벌레들이 풀잎 뜯어 먹는 소리
리듬이 아름답습니다

불그레 울그레
물드는 단풍
색깔이 곱습니다

반짝 반짝
빛나는 별빛
기분이 좋습니다

뽀드득 뽀드득
귀신들이 내 목숨을 뜯어먹는 소리
섬뜩합니다

산골풍경 949

땅이란 돌 위에
하늘이란 돌을 얹어
갈아내는
하늘땅 맷돌에
구름이 갈려 나오고
바람이 갈려 나오고
달이 갈려 나오고
그 즙이 흘러
바다로 고여 있다

산골풍경 950

그리움을 심어 놓고
떠나온 고향
이제 와 보니
저 혼자 자라서
가지마다 열매가
튼실해졌어요
순정도 열려 있고
무지개도 열려 있고
반달도 열려 있고
구름도 열려 있고
얼굴도 열려 있는
고향에 살고 있는
그리움 나무

역처규 제인폭포

산골풍경 951

바람에 흔들리는 촛불
몸부림 치다가
스스로를 태우며 스러지고

가슴을 흔드는 사랑
애간장을 다 태우고
하얀 재로 날아가고

하늘보다 귀한 목숨
세월의 톱날에 잘려
마지막 껍질 한 뼘 남아있다

산골풍경 952

잘려 나간 나무 밑동
나이테를 본다
나이테에 적혀 있는
수많은 사연들이
보석으로 반짝이지만
그 하나 건질 줄 모르고
그냥
이리 보고
저리 보고
모르는 것도 좋아
모르는 웃음을 짓는다

산골풍경 953

돌고 돌아
제자리인가
어제의 태양이 한 바퀴 돌아
오늘도 그 자리에서 떠오르고
작년 9월이 한 바퀴 돌아
올해도 그 자리로 9월이 돌아왔네

똥오줌을 못 가리는
아기로 출발한 나도
인생 한 바퀴를 돌아
똥오줌을 못 가리는
아기로 돌아오고 있네

산골풍경 954

그리움의 봄비가
밤 세워 내리더니
오늘 아침 추억의 꽃밭에
스치운 사연들이
서로 다른 제 모습으로
활짝 피어 있습니다

산골풍경 955

모래는 이렇게
생긴 거라는
산 할아버지
이야기를 듣습니다
사람이 생기기 전
짐승도 생기기 전
봄이면 바위마다 꽃이 피고
가을이면 열매로 익어
톡톡 터져 나온 씨앗이
지금의 모래가 된 거래요

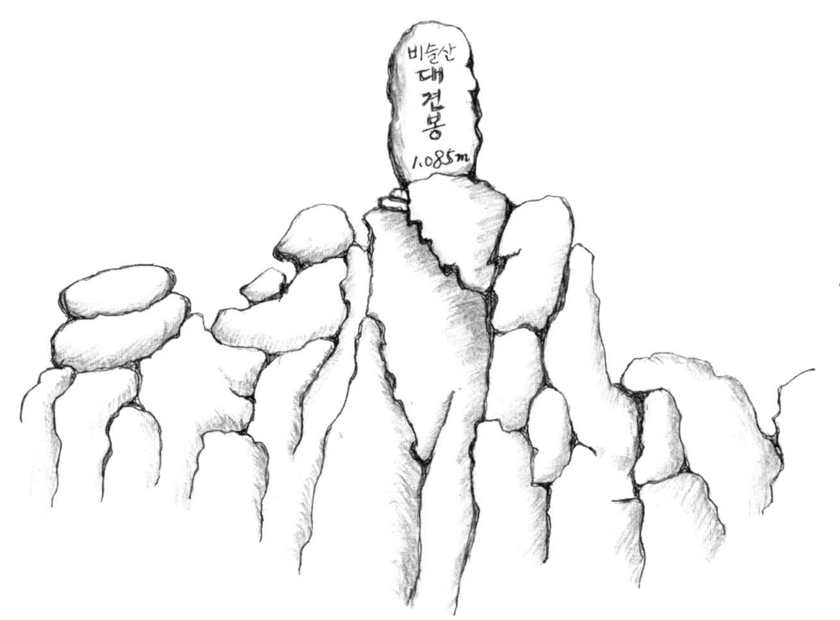

비슬산 대견봉

산골풍경 956

땅에서 볼 땐
가만 있던 산이
원두막에 올라와 보니
흔들거리고
나무에 올라와　보니
춤을 춘다

누군가도 나를
땅에서 보는 사람
원두막에 올라 보는 사람
나무에 올라 보는 사람
그래서 나도
구설수에 꽂인 것을

산골풍경 957

오늘 아침에도
전화가 왔습니다
저승에서 걸려온
오늘도 조심 하거래이
아버지 전화

산골풍경 958

향기란 향기들이
세상의 향기들이
이 산골로 소풍을 왔습니다
나무 향기
풀 향기
물 향기
구름 향기
바람 향기
바위 향기
또 또 또
사람 향기도 왔노라고
내가 나갔더니
모두 모두 거절 거절
사람에는 향기가 없고
구린내뿐이래요
구경만 한댔더니

오염 된다고
구경도 못 하게 해
쫓겨났습니다

의성 빙계 계곡

산골풍경 959

나는
남자는 하늘이다 라는
시대에 태어나
강아지가 하늘이다 라는
시대까지 살고 있습니다
나는
나무껍질 풀뿌리로
연명하던 시대에 태어나
쌀밥과 고기를 싫어하는
시대까지 살고 있습니다
나는
스승의 그림자도 밟지 않는
시대에 태어나
스승이 제자의 그림자도
밟지 않는
시대까지 살고 있습니다

산골풍경 960

멍들고
지치고
세상이 싫어지도록
마음이 천근으로 무거워져
세탁기에 넣어 돌렸더니
날아갈 듯한 하얀 마음과
터질듯한 분홍 꿈만 남아있다
숨쉬는 게 고맙고
걸을 수 있는 게 고맙고
풀잎을 따 먹을 수 있는 게 고맙고
이런 것이
하얀 마음이고
이런 것이
분홍 꿈인 것을

—

제3부

—

—

시작詩作 메모

—

‘산골풍경’
이 언어를 압축기에 넣고
죄어 본다
허허
갈라졌던 언어들까지
도리어
하나로 좁혀진다
칼로도 안 되고
삶아서도 안 되고
압축기로도 안 되고
언어 다루기의
실패
낙심천만이다

산골풍경 961

주름 투성이 벌레가
껍질을 벗어 던지니
저리 예쁜 나비가 되었습니다

오점 투성인 나도
껍질을 벗어 던져야
나비 같은 사람이 될 텐데
껍질을 벗지 못하고 있습니다
어디
껍질 벗은 사람 없나요
서울역엘 가 봅니다
부산역엘 가 봅니다
거기에도
껍질 벗은 사람은 없네요

산골풍경 962

풍경만 보일 때는
사랑이 아름다웠습니다

고마움이 보일 때는
부모님이 아름다웠습니다

정이 보이는 지금은
누워 있는 아내가 아름답습니다

산골풍경 963

어제는 가슴이 떨리더니만
오늘은 다리가 떨리네요
가슴 떨리는 어제는
청춘이지만
다리가 떨리는 오늘은
노년입니다
청춘도 한 송이 꽃이고
노년도 한 송이 꽃인데
이 두 송이 꽃은
내 인생 넝쿨에 핀
꽃다발입니다

등꽃

산골풍경 964

아내야
앞산에 핀
무지개를 걷어왔어
무얼 만들까

색동옷을 접어요
꽃이불도 좋구요

아니야
2인용 비행기를 접어 타고
우리
우주로 소풍 가자

산골풍경 965

아내 생일
간밤에 따온
샛별을 왼 가슴에 달아주고
서툰 솜씨로 밥을 짓는다
아내가 좋아하는
찔레꽃 냄새로 밥을 짓고
비익조 알탕에
이슬 한 접시 볶아 놓고
달나라에서 따온
딸기도 얹어 놓고
저승에서 캐온
3지9엽초 국을 끓여
대령하였더니
우짼 일이냐며
눈이 휘둥그레지는 아내
처음으로
시인 남편 만나기를 잘했다며
감동을 한다

산골풍경 966

눈을 감아야
보이는 얼굴이 있습니다

귀를 막아야
들리는 음성이 있습니다

아득해야
풍겨오는 향기가 있습니다

철쭉꽃

산골풍경 967

저것 보셔요
밤안개가 피어요
메뚜기들이 날아와요
달에서 날아와요
뽀속 뽀속 뽀속 뽀속
달메뚜기들이
밤안개 뜯어먹는 소리
이 산골에서만 들을 수 있는
또 다른 리듬입니다

산골풍경 968

지붕 처마가
제일 높아 보일 때가 있었습니다
뒷산이
제일 높아 보일 때가 있었습니다
하늘이
제일 높아 보일 때가 있었습니다
지금은
아버지의 산이 제일 높습니다
아버지 산에 올라
내려다봅니다
저 아래
하늘이 있고
그 아래
뒷산이 있고
그 아래
처마가 있습니다

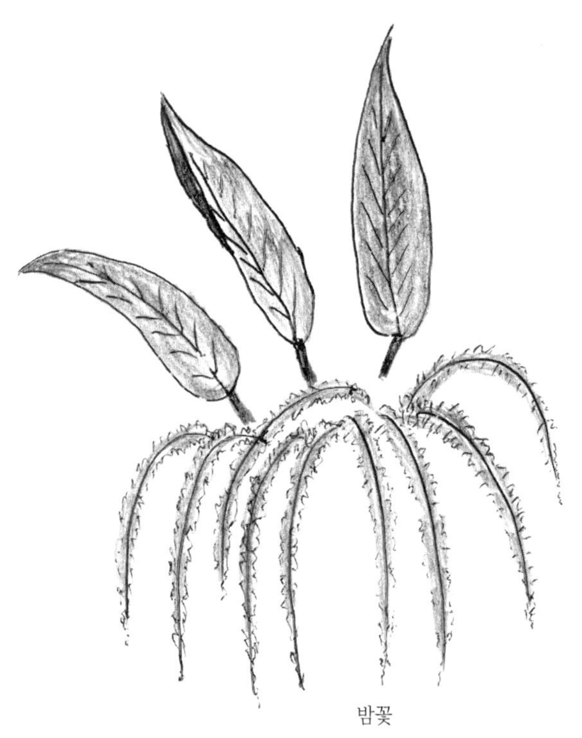

밤꽃

산골풍경 969

칡 잎으로 접은 봉지에
산딸기 따오시던
지솟골
새끼 종다래끼에
산머루 따 오시던
선낭골은
아직 그대로 거기 있는데
울울 창창
나무 나무 가지 가지에
봉지 봉지 추억을 담아
걸어 놓고 가신 아버지는
지금 여기 안 계시네요

산골풍경 970

꽃 피는 봄 스쳐가고

창창 여름 날아갔는데

스산한 이 가을에 왜
가슴이 떨리나요
바람만 불어도
깨질 것 같고
구름만 보아도
타 버릴 것 같아요
아
나는 나는
가을 남자

산골풍경 971

대통령이 오신데요
치우고 감추고 정리 후
오신 세 살짜리 손자 대통령
내 등에 올라타 이리저리 가래요
얼굴만 감춘 숨바꼭질
박치기에 내가 울면 박치기 박치기 또 박치기
파리하며 파리채로 내가 때리면
다시 빼앗아 파 파 하며 나를 때리고
야단법석 치다가
가버리고 없는 데도
아롱아롱 아롱아롱

팥배나무꽃

산골풍경 972

저 폭포 소리는
다 못하고 돌아가신
아버지의 이야기입니다

저 소쩍새 울음소리는
내가 삐뚤어질까 봐 걱정하는
아버지의 사랑입니다

저 천둥소리는
정신 못 차리는 나에게 회초리 치는
아버지의 호령입니다

산골풍경 973

산 할아버지가
3합 칼국수를 해 먹자며
바람 소리
구름 소리
새 소리를 섞어 반죽을 해
홍두깨로 밀어 만든
3합 칼국수
처음 먹어 보는 이 맛
처음 느껴 보는 신비

산골풍경 974

우주는 무엇으로 만들었을까
살펴보아도 끝이 안 보이고
들여다보아도 속이 안 보인다
우주를 압축기에 넣고 압축
또 압축 또 압축 또 압축
마지막 남은 한 줄은
시 한 구절입니다
오묘하고 경이롭고 불가사의한
이런 시 한 구절을 풀고 풀어서
만든 것이 우주입니다

산골풍경 975

안개야
너는 지금 어디로 가는 거니
예
산골로 소풍 가고 있어요

소낙비야
너는 지금 어디로 가는 거니
예
산골로 소풍 가고 있어요

바람아
너는 지금 어디로 가는 거니
예
산골로 소풍 가고 있어요

나는 지금
어디로 가고 있는가

사람이기에

산골로 소풍을 못 가고

저승으로 소풍을 가야만 합니다

산골풍경 976

산 할아버지가
김치를 담근다기에
올라가 보았습니다
꽃구름을 도려 와
메뚜기 눈물에 절여서
물봉숭아 속을 넣어 만든
꽃구름 김치
한 그릇 받아들고 돌아옵니다

산수유꽃

산골풍경 977

천년
저 버드나무
곡선 좀 보아요

곡선은 물결치고
볼륨은 흔들리고
리듬은 찰랑이고

여자를 만들 때
저 버드나무를 보고
만들었나 봐요

아내의 곡선과
버드나무의 곡선
아내의 볼륨과
버드나무의 볼륨

아내의 리듬과
버드나무의 리듬
우째 그리도 똑 같은고

산골풍경 978

밤하늘에 초롱초롱
별이 돋으면
산 할아버지는
장대를 들고
하늘을 흔듭니다
후두둑 후두둑
떨어지는 별들
봉지 봉지 담아서
곳간에 쌓아 놓고
그 별로 밥을 지어
먹고 산다는 산 할아버지

화왕산

산골풍경 979

남자들은
아내의 감동을 저금하며 산다
그래서
남자들이 모이면
서로 자기 아내를 자랑하고
다시 태어나도
본 부인과 살고 싶어 한다

여자들은
남편의 거슬림을 저금하며 산다
그래서
여자들이 모이면
서로 남편 흉을 보고
다시 태어 난다면
다른 남자와 살고 싶어 한다

남자들은 왜
감동을 저금하면서 살고
여자들은 왜
거슬림을 저금하며 사는가
그것은 나도 모르지요

산골풍경 980

연지곤지 덧바르며
모양 내던 단풍잎들
된서리 반가워라
찬바람 가마 타고
훨훨 춤을 추며 시집을 가네

제4부

시작詩作 메모

그래 이거야
'산골풍경' 언어를 그대로
산에 심는다
그 언어들이
꽃이 되고 숲이 되고 나무가 되고 짐승이 된다
그것들을 그대로
또 다시 심는다
이번에는
바람이 되고 구름이 되고 무지개가 되고 귀신이 된다
여기에 오니
1천 편이 보인다
여기에서
이것들을 또다시 심어 키우면
1만 편이 된다는 그림이 아련한데
여기까지인가
남은 시간이 없다

산골풍경 981

산 할아버지가
보양식을 해 먹자며
바위의 등뼈를
가마솥에 넣고
번갯불을 지핀다
우려내고 우려내고
졸이고 또 졸여
만든
바위등뼈 조청
산골에 살다 보니
이런 음식도 먹어 보네요

산골풍경 982

광주리에 담아온 별빛을
두 갈래로 나누어
새끼를 꼰다
별빛 새끼 한 타래
무엇에 쓸까
보고 보고 또 보고 있다

산골풍경 983

이 산골로
소풍 온 귀신들이
저마다 흩어져 뛰어놀고 있다
나뭇가지 사이로
재주도 넘고
야생화와 뽀뽀도 하고
개울물에 목욕도 하고
바위에 올라 미끄럼도 타다가
다리 하나가 부러진 귀신
귀신 나라에도 119가 있네요
구급차에 실려가는 귀신
소풍 끝
호루라기에
줄지어 돌아가는 귀신들

산골풍경 984

산골의 가을은
붉은 꽃이 피고요
내 인생 가을은
검버섯이 피네요

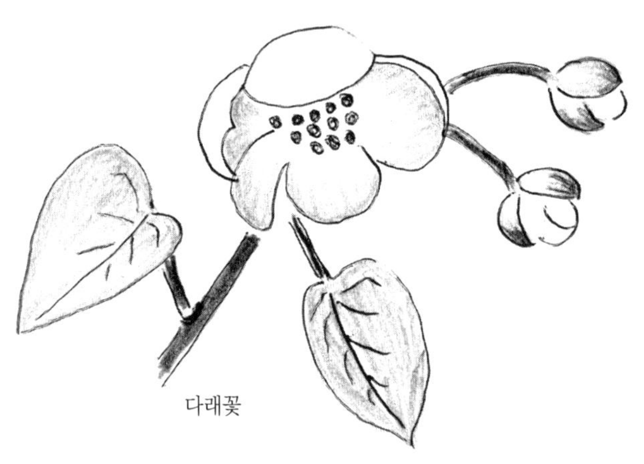

다래꽃

산골풍경 985

꽃들이 살고 있는 이 산골에
새들이 살고 있는 이 산골에
구름이 살고 있는 이 산골에
무지개가 살고 있는 이 산골에
시멘트 빌딩이 왜 들어오나요
산골의 암덩이가 왜 들어오나요
산 할아버지 우쨈 좋아요
빙그레 웃으시는 산 할아버지
후후 부는 입바람에
돌아보니 빌딩이
산 너머로 날아가고 없네요

산골풍경 986

나라님 호위병은
사람이지만
나의 호위병은
언어입니다
나라님은 행차 때만
호위병이 지켜주지만
나는 잠잘 때도
호위병이 지켜줍니다
나라님을 호위하는 건
총이지만
나를 호위 하는 건
언어입니다

산골풍경 987

이룬 꿈은
시들해지는데
못 이룬 꿈은
절절해지네요

가슴 밖에서
피어 있는 꽃
가슴속에서
못 피어 있는 꽃

이런 것도 노래 한 곡조이고
저런 것도 시 한 구절이네

산골풍경 988

나라님
나라님
나라님 곳간에는
무엇으로 가득한가요

대감님
대감님
대감님 곳간에는 또
무엇으로 가득한가요

우리 집 곳간을 보여줄까요
새소리 한 가마니
바람소리 한 가마니
밤안개 한 가마니
꽃구름 한 가마니
이런 것들로 가득합니다

댕댕이덩굴꽃

산골풍경 989

선달 그믐밤
귀신들의 축제
씨름 대회에 가 보았습니다
산 너머 귀신
강 건너 귀신들 다 모였습니다
상품을 봅니다
1등
금방 잡아온 싱싱 처녀
2등
금방 잡아온 싱싱 총각
아찔해라
섬뜩해라
이러다가 나도 잡아먹힐라
도망치듯 돌아왔습니다

산골풍경 990

소풍

차도 타고 가 보았습니다

비행기도 타고 가 보았습니다

그런데

비눗방울을 타고

가는 게 제일 좋아요

천지 사방이

다 보이거든요

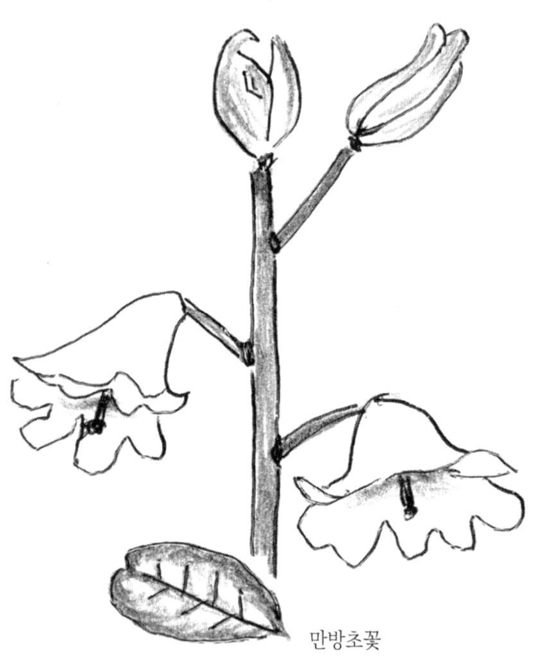

만방초꽃

산골풍경 991

흐드러지게 핀
저 억새 꽃밭 위에서
춤을 추는 저 몸짓 좀 보아요
사람이 되다가
짐승이 되다가
꽃이 되다가
나무도 되는
저 둔갑질은
누구의 재주일까요
산 너머에 살고 있는
낮도깨비 재주입니다

산골풍경 992

산 할아버지가
낚싯줄에 인형을 꿰어
공동묘지 가운데 던지니
귀신들이 덥석 물고
걸려드네요
이렇게 잡은 귀신으로
요리한 귀신 음식을 먹고
죽지 않고
수수만년을 산다는
산 할아버지

산골풍경 993

연분홍 살향기가
문틈으로 스미길래
가만 문을 열고
바라보는 산골

밤안개 하얀 이불을 펴놓고
열아홉 살 반달 아가씨가
목욕을 하고 있습니다

나도 몰래 포르르 날아간 나는
나도 몰래 반달을 품은
범인이 되고 말았습니다

내일에 내가 보이지 않거든
달나라 영창에 갔을 거라고
그렇게 그렇게만 말해 주세요

산골풍경 994

몸이 고장난 게 장애자가 아니라
마음이 고장난 게 장애자입니다

사는 힘이 없는 것이 아픔이 아니라
꿈 꾸는 힘이 없는 것이 아픔입니다

못 배운 게 무식한 것이 아니라
역천이 무식입니다

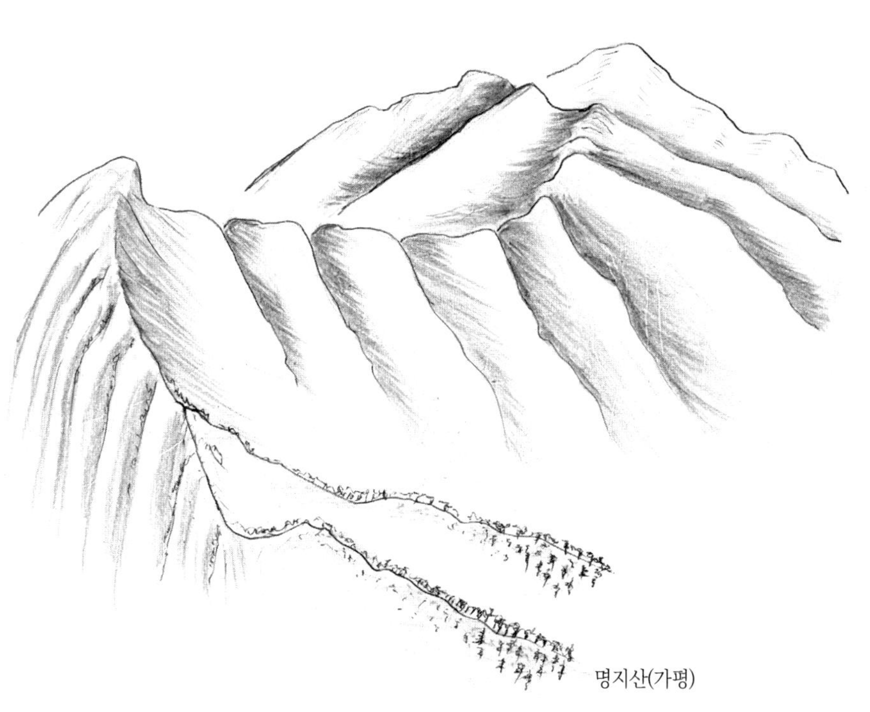

명지산(가평)

산골풍경 995

이름을 모아
탑을 쌓아 올립니다
사람 이름 그 위에
꽃 이름 그 위에
새 이름 그 위에
구름 이름 그 위에
별 이름 그 위에
하느님 이름을 올렸더니
하느님이 손을 저으며
너의 부모 이름을
얹으라네요
너의 하느님은
너 부모님이라면서요

산골풍경 996

별들의 백일장 대회에
주제가 -인간- 이라며
별 하나가 원고지를 들고
이 산골 원두막에 내려와
나를 모델로
시를 쓴 다기에
모델이 되어 주었더니
이 시가 당선되면
인사 온 댔는데
아직도 안 오는 걸 보면
그 별은 백일장에서
떨어졌나 봐

산골풍경 997

휘돌아 나간
개울 가에서
모래를 긁어 모아
모래 산을 만들어 놓고
나는 예술가이다라고
흐뭇해서 웃는다

흙과 바위를 긁어 모아
지구의 산을 만든
그 예술가는
얼마나 흐뭇한
웃음을 지었을까

내 나이 77세
아들딸
손자 손녀까지 본
나는 오래 산 거지요

씨익 웃으시는
산 할아버지
내 나이는 77조
그러면서
쪼매 산 거라네요

산골풍경 998

그믐밤엔
그믐밤엔
달과 태양은
어디에 가 있을까
달과 태양은
옷을 벗으면
빛이 없어지지요
달과 태양의
알몸을 본 사람 있나요
그믐밤
이 산골 원두막에
와 보셔요
옷을 벗은 달과 태양이
손잡고 오르는
등산 모습이 보입니다

청계산 매봉

산골풍경 999

구멍 숭숭 뚫린
허물어질 것 같은
우리 집 곳간이지만
이 곳간에는
무릉도원이 있고
극락이 있고
천국이 있습니다
천국에서 살고 싶으면
곳간 빗장을 풀고
새소리 한 가마니 안고 와
가만히 풀어 놓으면
우리 집은 온통 천국이 되고
극락에서 살고 싶으면
오로라 한 가마니 안고 와
가만히 풀어 놓으면
우리 집은 온통 극락이 되고
무릉도원에서 살고 싶으면
꽃송이 한 가마니 안고 와

가만히 풀어 놓으면
우리 집은 온통 무릉도원이 됩니다
이렇듯
구멍 숭숭 뚫린 우리 집 초가 곳간에는
천국과 극락과 무릉도원이
가득 쌓여 있습니다

산골풍경 1000

첩첩 산중 봉우리
시의 봉우리
한 봉 두 봉 스쳐 오른
1천 봉우리
올라온 길 30년이
여백 속에 묻혀 있네

시의 안경으로
바라봅니다

높은 분들 가슴에는
태극 리본이 없고
광화문 광장에는
국기 게양대가 없고
학교에는
도덕 책이 없고
가정에는
밥상머리 교육이 없고

길거리엔
훈계하는 어른이 없고
사회에는
존경받는 스승이 없고
관공서에는
단군 할아버지의 영정이 없고
땀흘리는 일꾼에겐
살 집이 없고
잔머리쟁이일수록
집을 많이 가진 나라
헷갈리는 국민에겐
파란 꿈이 없습니다

이 나라 걱정하며 우는 한 사람
단군할아버지의 눈물만
동해바다로 고여 있습니다

내 마음의 산에서

누가 와 놀다가 간
소꿉 장난인가
이 산골풍경은

누구의 손이 빚은
예술인가
이 세상 풍경은

누구의 영혼이 뛰어노는
그림자인가
이 우주는